尖峰時刻要是沒有擁擠的人潮，就不需要有市長，紐約也將成為一座鬼城。他們總是喜歡批評尖峰時刻、車禍與噪音。可是聽聽看，你難道不瞭解那樣的嘈雜混亂正證明了我們的生命與活力？哎呀，那正是紐約市呀！

——紐約市長拉瓜迪亞（Fiorello LaGuardia），一九四三。

2 被時間遺忘的地鐵線——

紐約州。紐約

某種體積與力量都龐大得令人不敢置信的東西在城市底下移動著。

在切爾西（Chelsea）一處建築工地上的臨時辦公室裡，我已經能從鞋底傳來的振動，感受到那個東西的存在。我搭乘一具鐵籠子降下一座圓形的深淵，約有十五層樓的高度，那股振動也逐漸增強為來自四面八方的轟隆巨響。電梯在一個從灰色岩石當中炸出的挑高洞穴裡落地，我看得到許多人在其中的臨時工廠裡忙碌不已。在我身旁，一名電弧焊工的噴燈不斷劈啪作響；一部起重機高高吊著預鑄水泥塊，一面發出刺耳的嗶嗶聲；一輛工程列車搖搖晃晃地停了下來，將幾十噸的碎石倒上一條輸送帶。在這一切活動的底下，那震動地面的轟隆聲響一刻也不曾停下。在洞穴北端，穴頂往下傾斜形成兩條平行隧道，圓潤平滑得有如獵槍的兩根槍管，而且右側的隧道嗡嗡作響，彷彿是閻王的迪吉里杜管。我不禁覺得像是有什麼活生生的怪物被放了出來，正啃噬著曼哈頓的岩床。

「就在前面，差不多還有一千英尺！」我的嚮導在我耳邊高吼道。瑞德蒙（Rich Redmond）是紐約大都會運輸署的工程顧問，負責掌理這個工地的日常運作。他快步走到我身前，率先走進隧道裡。我瞇起眼睛望向前方，但在視線極處只看得到隧道愈來愈暗，也愈來愈狹小。我一面想像著沙蟲與牛頭人身的怪物，一面跟著瑞德蒙走進陰暗的隧道內。

我們走在一條軌道上，踩著枕木周遭的積水——這些積水來自水泥牆上不斷滲出的地下水。在我們前方的隧道盡頭嵌著一個不停振動的圓盤，上面裝有紅色與綠色的小燈。就在我覺得噪音幾乎難以忍受之際——那聲音像是一部全世界最大的碎木機正在碾碎一座石化森林——那股轟隆聲響卻突然停止了。瑞德蒙停下腳步，回頭對我大喊：「他們一定是鑽完一次了。你要是想看，就趁現在吧！」我們加快腳步，走到軌道盡頭：一片由水平走道與垂直攀梯組成的結構，從地面延伸到穴頂，垂掛著許多盤繞的電線與懸盪著的軟管。

位在隧道盡頭的巨獸是海瑞克公司（Herrenknecht）的雙節盾殼隧道鑽掘機。「這是後掛裝置，」瑞德蒙在我們爬上鑽掘機尾端時說明著。「長度約是三百五十英尺，裡面裝有通風設備、幫浦和電力系統。」這部重達千噸的隧道鑽掘機是德國工廠專為這項工程量身製造的，體積非常龐大，分別由三趟橫越大西洋的貨船載運才得以送到紐約。零件垂進掘井之後，光是組裝就花了兩個半月。這部機器的首要目標是要為第三十四街的新車站挖出一座大洞穴，接著再偏離第十一街，在賓州車站的美國國鐵隧道底下挖掘，以便銜接時報廣場的七線道月台。這項工程計畫稱為七線道支線專案，完成後將能讓紐約居民通勤到賈維茨中心（Javits Center）及西區其他地點。

我們穿梭在管路與梁柱之間，來到隧道鑽掘機的神經中樞——一間小艙房，只見一名身穿綠色工作服的控制人員坐在電腦螢幕前方，監控著這頭巨獸的進展。「這些螢幕會顯示推進的力道、施加在岩石上的壓力，以及鑽掘機的扭力。」瑞德蒙說。在全球定位系統、雷射與雷達的指引下，控制人員必須調整各個液壓控制桿，確保機器的切削頭維持在正確的路線上。

隧道鑽掘機雖是由金屬構成，並且由電壓一萬三千伏特的電力馬達驅動，但這部機器運作起來卻像是一隻生物。它的旋轉切削頭有如八目鰻的圓形嘴部，只是裡頭不是牙齒，而是四十四片可旋轉的合金圓盤，由兩個突出的反力座頂在隧道壁面上，再以活塞迫使切削頭前進；磨碎的石塊落入圓盤後方的進碴槽，再由一條中央出碴輸送帶運出隧道外。鑽掘機在石壁當中推進五英尺之後，反力座即收回，接著整部機器就像一隻碩大的毛毛蟲，藉由舉起、落下為數眾多的支腳，把重達千噸的機體往前移。

瑞德蒙和我爬上一道梯子，在隧道頂壁下蹲著身子走向鑽掘機的前端。三名工人頭戴工地帽，身穿工作服，側躺在地上，一邊粗喘著氣一邊詛咒，將一塊寬五英尺的曲狀預鑄水泥塊上的螺栓用力扭緊。五、六塊這樣的水泥塊組合起來，就會形成一道完整的圓形隧道壁。瑞德蒙說，如果一切順利，這部機器能在半個小時內完成一次推進鑽掘；在一天二十四小時內由三班工作人員輪班操作，可鑽掘出六十英尺的距離。若是遇到不順的日子，一旦出現意料之外的狀況，鑽掘工作也可能完全停擺。我們走回後掛裝置，瑞德蒙從一個軌道車廂裡拾起一塊箭頭形狀的碎石，遞來給我，石塊上閃爍著雲母的反光。「這是運碴列車，」他高聲說：「所謂的碴就是鑽掘下來的碎石。你現在手上拿的是一塊純曼哈頓片岩。」隧道鑽掘機能迅速磨碎這種粗紋理的灰白色岩石，面對在紐約底部岩床當中占大部分的花崗岩也一樣。不過，若是在比較難預測的地層，就得採用其他技術。

「我們在鑽這個隧道的一開始就碰到含水的結冰物質，」瑞德蒙說：「只好先鑽孔，在表面牽上管子，接著在管子裡灌入濃鹽水，再利用冷凍機把溫度降到零下三十度。這麼一來，土石就變成了一大塊冰——硬度才達到可以鑽掘的程度。」冷凍機關掉之後，他們在水泥壁與岩石之間灌注水泥漿，封住縫隙，以避免地下水滲流出來。

我們周遭滿是隧道工人。他們是紐約的傳奇都市礦工，身材壯碩結實，穿著牛仔褲與安全背心，全身沾滿灰色泥漿。這些工人把隧道鑽掘機稱為「鼴鼠」——這個暱稱並非全為善意。過去幾個世代以來，挖掘隧道幾乎完全依靠人力進行。紐約自從在一八七二年奠立布魯克林大橋的基礎之後，城裡每一條重要的下水道、輸水隧道與火車隧道都是由隧道工人挖掘而成。這些著名的工人有許多是愛爾蘭人、非裔美國人以及義大利人。他們貫通了林肯隧道與荷蘭隧道，撐起崩塌的三一教堂（Trinity Church），也挖出紐約的地鐵線路，以炸藥炸開岩石，以七十五磅的扭力扳手鎖緊螺栓，而且經常必須徒手清除石碴。他們當初在紐約河床底下的加壓隧道裡進行挖掘工作，坍塌與爆炸事故就奪走了數十條人命。

直到今天，隧道工人在紐約的街道底下仍是一股不容忽視的勢力。開挖隧道入口掛著一面愛爾蘭國旗，而在七線道支線開挖之前，紐約市新任的羅馬天主教大主教也曾經來訪，在工人低垂的工地帽上畫著十字聖號。一九七〇年，紐約的第三輸水隧道首度採用隧道鑽掘機，從此揭開自動化的時代。不過，自動化的發展卻是有利也有弊。「鼴鼠」出現之後，隧道工人就不必再從事工作中最危險的部分——也就是以十字鎬、鐵鍬與衝擊鑽挖掘不一定堅實穩固的地面。不過，許多工作機會也因此消失。在上個世紀初，紐約開挖第一條地鐵線的工程，動用了將近八千人，每人的工資是一天兩美元。現在的隧道工人領取的工資比當初高了許多——一年超過十萬美元，外加其他福利——但一次八小時的班別只需要幾十個人手。「鼴鼠」就像鐵路時代的氣錘機，儘管許多隧道工人都像約翰·亨利一樣吃苦耐勞，終究還是不免遭到淘汰。[1]

現在，數以百計的這種機器正在全球各地啃噬著地底的岩層。這是一股史無前例的工程浪潮，目的是促進人類移動的便利性。在北京、馬德里、德里與洛杉磯，隧道鑽掘機都在都市人的腳底下不斷鑽掘，造就了一場數十年來最驚人的公共運輸設施興建風潮。隨著地球進入都市化的新階段，世界各地的城市紛紛把先進的大眾運輸系統視為化解塞車、污染與經濟停滯等泥沼的方法。「鼴鼠」也許降低了隧道挖掘工作的危險性，卻也因此剝奪了其浪漫色彩，但是卻讓城市能在預先規劃的時間及預算內建造新的地鐵線路，而且不必犧牲人命。紐約在過去幾十年來原是全球各大都市中唯一地鐵總里程不增反減的城市，現在終於也開始挖掘新隧道——這項發展堪稱是時代的徵象。經過半個世紀致力興建高速公路之後，地鐵終於回來了。

在我們搭乘電梯返回地面的途中，瑞德蒙向我說明，如果一切順利，這條線路將會在二〇一三年下旬完工。這項工程的批評者認為，由於七線道支線只會為既有的地鐵路網增加一站，因此是一條「毫無意義的地鐵線」——是一項在經濟衰退時期浪費寶貴資源的舉動。這條路線原本是為了二〇一二年夏季奧運會的一座比賽場館所規劃的，但在紐約爭取奧運主辦權失利之後，在「地獄廚房」設置第二座車站的計畫也就因此遭到撤銷——儘管當地確實迫切需要一座地鐵站。[2]這條路線的盡頭將位在曼哈頓一片最大的未開發建地：哈德遜調車場。二〇〇九年，大都會運輸署將這片滿是調車軌的二十六英畝土地以整整十億美元賣給關係公司（Related Companies）與高盛集團，開發商打算將該處建設成一片價值一百五十億美元的飛地，裡面包括辦公大樓、公寓住宅、一家飯店，還有公園與零售店面。紐約市長彭博指稱這是一項基礎建設的長期投資，可將充滿潛力的地區轉變為「滿是居民、公園遊客、上班族與購物人潮的鄰里」。批評者斥之為浪費公帑的計畫，只會為市長的建商朋友帶來利益。在二十一世紀初為紐約地鐵路網增添一英里的成本是多少呢？略高於二十億美元。

不論怎麼算，這項建設計畫都昂貴得極為荒謬。由於有隧道鑽掘機，隧道挖掘工程也不會為紐約市帶來太多工作機會。不過，即便是像七線道支線這樣充滿爭議的計畫，鋪設新的地鐵軌道也很可能是紐約在數十年來為自己的未來所做過最明智的投資。

搭乘T鐵

要不是因為地鐵，如此面貌的今日紐約將不會存在。工程師在紐約市發展史上的關鍵時刻建構出這套絕妙的地下鐵路系統，不但紓解了街道上嚴重的交通壅塞狀況，下東區那些環境惡劣的擁擠公寓中的眾多人口也因此分散到紐約各行政區的偏遠角落。由於地鐵能讓許多人迅速移動，因此大幅提高了都市密度，使得曼哈頓的公寓大廈與辦公室大樓能比鄰而立，將這座面積二十六平方英里，由片麻岩、大理石與片岩構成的島嶼轉變成全世界數一數二的大都市，讓數百萬人居住其間，並且迅速、有效率地交換服務、商品與構想。

紐約地鐵在二十世紀期間備遭忽視，能夠存活到二十一世紀實在堪稱奇蹟。一九五〇年代中期，紐約地鐵列車已經使用了四十年之久，卻又碰上市政府因經費短缺而推遲維修的政策，導致開始了漫長的衰退趨勢，同時也反映出整座城市運勢下滑的現象。紐約地鐵在八〇年代跌到谷底，引擎脫落與列車起火自燃的事件時有所聞。在最嚴重的一場事故當中，由於一個老舊的號誌燈故障，導致一列開往曼哈頓的列車撞上另一列在布魯克林的一條隧道內停等的列車，造成司機喪生和一百三十五名乘客受傷。作家索魯（Paul Theroux）在一九八一年花了一個星期搭乘紐約地鐵，發現了一個深富狄更斯色彩的地下世界，其中充斥小偷、遊民、公共運輸臥底警察，還有專門鎖定酒醉者下手的扒手，甚至有人出於好玩而把地鐵工作人員活活燒死在售票亭裡。

「令人訝異的是，」索魯歸結指出：「一群生意人在一九〇四年解決了紐約未來幾世紀的運輸問題。他們創造的這套地底鐵路系統實在是一大工程奇蹟！但他們要是親眼看見這套系統如今成了什麼德性，在大眾心目中的形象有多麼低落，他們又會有多驚訝？」索魯彷彿是在叢林裡意外發現一具老舊鏽蝕的機械人偶，在當地的原始部落維護下仍舊勉強運作著。

這樣的狀況必須改變，結果也確實如此。在索魯造訪地鐵之後不久，大都會運輸署即對塗鴉宣戰，每晚都對列車進行清潔，擦除白天被人噴畫在車廂各處的塗鴉圖案。（現在，噴漆已是往日回憶了：當今的破壞分子的手段是以強酸在車窗上蝕刻。）老舊殘缺的列車現在已汰換為加拿大製造的列車，平均在行駛六十九萬英里才後會出現故障狀況——這是一九八〇年代行駛距離常態的一百倍。過去三十年來，紐約投入地鐵系統的經費已達七百五十億美元。

倒不是說紐約地鐵的粗陋現象已經完全消失。在世界各地的地鐵系統當中，紐約地鐵算是一套實用性的系統。除了少數例外，紐約地鐵車站的所在位置都不深：在街道上即可聽見地鐵列車在人行道格柵底下轟隆駛過，在行人腳下幾碼處奔馳來去。「紐約的腥臭本質就在地底下，」流行樂界的桂冠詩人路．瑞德（Lou Reed）在紐約居民戈茨的地鐵私刑案發生後唱道。[3]而紐約地鐵至今也仍然保有那混合了煤煙與汗水的濃濁惡臭，再加上過熱的煞車片浸入積聚在軌道間的雨水所冒出的烤堅果氣味。在車站大廳裡，一根根沾滿灰塵與萬年口香糖渣的柱子切斷了視線，天花板距離頭頂彷彿只有幾英寸，乾熱的溫度與黃疸色的燈光包圍著你，迫使你和這座城市產生一種近乎戲劇性的新關係。

許多人在成長過程中都聽過這樣的故事：在這座崩頹的大都市底下，有一套通往地獄的地鐵系統。不過，紐約地鐵的運作狀況事實上卻是好得令人訝異。大部分的列車都設有空調，中央車站月台屋頂上的巨型冷氣出風口更是造就出一片舒適的綠洲，讓人在熱天忍不住想待在地底。（我曾有幾年的七月是在紐約度過的，這裡的居民在二十世紀大半期間竟然都搭乘沒有冷氣空調的地鐵，足以證明他們的堅毅。巴黎與倫敦居民至今仍然得搭乘沒有冷氣的地鐵，實在是殘忍又不尋常的懲罰。）當今，幾乎所有人都搭乘地鐵；在交通壅塞之際，搭地鐵可能還比計程車還快。即便是身為億萬富翁的紐約市長彭博，有時候也會搭乘萊辛頓大道線的地鐵到市政府——頻率可能高達一週兩次。[4] 紐約地鐵搭乘人次在一九七七年跌到一年十億的谷底，現在又再度趨近戰後年間的高峰，當時每年有二十億人次搭乘高架鐵路與地鐵。

最重要的是，紐約終於開始興建更多公共運輸基礎設施。除了七線道支線之外，目前在華道夫飯店（Waldorf-Astoria Hotel）與西格拉姆大廈（Seagram Building）底下挖掘的東側幹線隧道造價達七十二億美元，完工之後將可讓長島鐵路的通勤乘客直接抵達中央車站，不必再從賓州車站回頭到東區的辦公室，進而省下半小時的時間。曼哈頓下城的富爾頓街車站（Fulton Street Station）充斥錯綜複雜的走道與階梯，被當地的公共運輸倡議者挖苦為「一座毫無樂趣的遊樂宮」，現在終於也重新規劃成一座易於使用的東西向車站。「區域核心通行計畫」在紐澤西與曼哈頓中城之間規劃的三座隧道，原本可為賓州車站的尖峰時刻增加一倍車班，卻在二〇一〇年遭到紐澤西州長撤銷。自此之後，彭博的市府團隊據說打算進一步延伸七號線，橫越哈德遜河通往紐澤西——這項計畫將可大幅提高七號線的成本效益。

不過，最受紐約人熱切期待的計畫必定是第二大道地鐵線——早自地鐵車資只要五分錢，而且布魯克林道奇隊還在艾比茲球場（Ebbets Field）上擊出全壘打的時代，就已經有這個計畫的風聲。第二大道上備受厭惡的高架鐵道，在二戰期間為了收集廢鐵而遭拆除，第三大道高架鐵道又在十五年後拆除，當時一般咸認不久之後就會有地鐵取代這些舊鐵路。不過，儘管有幾次看似動工在即，第二大道地鐵線卻不曾建成。於是，萊辛頓大道線只好承擔起運送東區所有通勤人潮的重責大任：其四、五、六號車班每天載運一百七十萬人次——相當於波士頓地鐵、芝加哥捷運與華盛頓地鐵乘客數的總和——成為北美洲最繁忙的大眾運輸線路。第二大道地鐵線也許會在二〇一六年完工，目前估計建造成本為一百七十億美元。

曼哈頓真的需要這麼多地鐵線嗎？絕對需要。我在一星期內每天在尖峰時刻搭乘萊辛頓大道線，沒有一次找得到空位可坐。實際上，在那個星期裡，我每天早晨搭乘那條線，班車總是呈現爆滿狀態，也就是說，原本設計可容納一百一十人的車廂擠進了一百六十人。儘管每兩分鐘就有一班車，主要月台上卻還是大排長龍。另一方面，地鐵的基礎設施也已顯老態。聯合廣場站彎曲的軌道不免造成列車發出尖嘯聲（《紐約郵報》記者發現音量高達

九十八．六分貝，足以損害聽覺），而且許多車門與月台之間的間隙甚至寬達十八英寸。為了解決這個問題，地鐵方面動用了工業時代初期的科技：在月台邊緣裝設伸縮踏板。車班的間隔時間無法縮短，原因是紐約地鐵使用的類比繼電器與號誌是一九三〇年代沿用至今的產物——一名地鐵評論者告訴我，那些設施看起來「有如十九世紀大飯店裡的接線總機」——所以目前列車之間的間距早已縮減到安全範圍內的極限。現今的紐約地鐵也許正處於數十年來的最佳狀態，但和歐洲及亞洲的許多地鐵系統相較，仍是破舊得令人吃驚。

興建第二大道地鐵線的理由很簡單：只要分散東區的通勤乘客，即可大幅減少萊辛頓線的擁擠人潮。不過，這項工程卻陸續因為經濟大蕭條、第二次世界大戰、韓戰以及一九七〇年代的財政崩盤而一再延宕。這一次，上東區的街道底下終於展開了挖掘工作，隧道工人也已將一部隧道鑽掘機垂放進第九十六街的坑洞裡。這條名為「T線」的新路線一旦完工，資深大眾運輸乘客來到這裡可能會目眩神迷：明亮的車站內將會有不見樑柱的寬敞夾樓，天花板也會高得教人訝異——這裡會更像華盛頓的地鐵，而不是紐約居民習以為常的那種狹小幽閉的車站。

不過，前提是這條命運多舛的地鐵線確實能完工。根據紐約市目前的財政狀況來看，這條地鐵線的未來絕非確定無虞。大都會運輸署的經費大部分來自房地產稅，而隨著這項稅收嚴重下滑，該署已在二〇一〇年宣布其預算短缺達九億美元，因此不得不縮減三條地鐵線的基本服務。這麼一來，我們不禁要問：大都會運輸署既然連維持現有地鐵線的運作都有困難，怎麼還有餘力建造新線？

在一座空間如此密集、人口如此眾多，而且又如此富裕的城市裡，永續投資公共運輸應當是無庸置疑的事情。每天通勤到曼哈頓中心商業區的上班人口當中，只有百分之五是開車，其他都是靠步行、騎單車或搭乘某種形式的大眾運輸工具。地鐵是曼哈頓不可或缺的要素；這套運輸系統維繫了紐約市、紐約州乃至整個美國東北部的經濟繁榮。地鐵只要停擺一天，紐約市立刻就會淪為一座無關緊要的小城鎮。

不過，只要一談到公共運輸，有些人的腦筋似乎就是轉不過來。常見的說法是：公共運輸的營收總是不敷成本；或者：經營公共運輸系統的那些壞蛋撈滿了油水；或是最典型的：我們應該把那些錢拿來建造更多道路。第二大道地鐵線只是一項簡單的替代計畫，理當在半個世紀前就已完成，卻因為上述這類想法而淪為一條被時間遺忘的地鐵線。

只要稍微回顧紐約的公共運輸發展史，即可發現這種情形從來沒有變過。

「十五分鐘抵達哈林區！」

每一座城市都有其幽靈收費站，也就是彷彿懸浮在斷裂時空裡的地點。紐約有一班地鐵列車，在最後一名乘客下車之後，還會短暫停留在一座幽靈車站內：一座宏偉壯觀而且已有百年歷史，自從第二次世界大戰結束之後，便如圖坦卡門的墓穴般封閉起來的捷運殿堂。

這裡是舊的市政府站，是公共運輸史學家心目中的傳奇。為了走訪這座車站，我還得向紐約市捷運局的一位發言人保證我絕不會透露在那裡暫停的班車編號——或是字母。安顏西（James Anyansi）在曼哈頓下城一個潮溼的地鐵月台末端和我碰面。他向一列下完乘客的班車駕駛出示證件之後，便帶著我搭上那班車，在車輪的尖嘯聲中轉過軌道上的一個急彎。車門打開後，我們便踏入了一個時光凍結的世界：一座由「跨區捷運公司」設置的車站，與當初在一九〇四年十月二十七日對大眾開放之時看起來大同小異。

我的眼睛過了幾秒鐘才適應水晶燈散射出來的光線。我們站在一座月台上，它彎曲的形狀有如蘇丹王的彎刀。不同於大多數地鐵車站那種柱子與橫梁的簡單構造，舊市政府站裡完全看不到一條直線：一連串的拱形彎曲地消失在視線之外，有如羅馬式教堂的地下墓穴。在這些半圓形的脊梁之間，乳白與翠綠的光滑磁磚排列成人字形，貼在鉛玻璃天窗邊緣；白熾燈泡照亮了車站裡的陰暗角落。列車開走之後，留下我們兩人單獨置身車站內，軌道對面一片精美的銅牌也因此出現在眼前。銅牌兩端各有一位少女端坐著的圖案，附帶著一九〇〇與一九〇四的年份數字，中間的文字則是記載著「第一條市立捷運鐵路……由州政府核可／市政府興建」，末尾還有美國運輸業鉅子范德比爾特（Cornelius Vanderbilt）與小貝爾蒙特（August Belmont Jr.）的姓名。我們爬上一道寬敞的階梯，來到一個拱頂夾樓，裡頭有個玻璃圓窗，過去是剪票員向通勤乘客收取車資之處。安顏西將手電筒的光束沿著一道階梯往上照，只見盡頭是一對緊閉的厚重鐵門。我們要是能打開那扇門，即可在市政府外的愛國志士海爾（Nathan Hale）雕像旁走上地面。

市政府站剛開放的時候，《紐約世界報》（*New York World*）的一名記者這麼描述道：「一座由乳白色與藍色磁磚砌成的拱頂小城市，有如一只德國啤酒杯。」他的描寫大致上沒錯。全紐約只有另外一個地方稱得上和這裡些許相似：也就是貼滿了潔淨的磁磚、長年來樣貌未曾改變的中央車站牡蠣吧餐廳。這兩座建築都是由同一位西班牙建築師設計，而這位建築師即是靠著將西班牙加泰隆尼亞地區常見的磁磚拱頂天花板技術引進美國而知名。在第二次世界大戰期間，為了避免遭到敵人空襲，市政府站將那片壯觀的鉛玻璃天花板全部遮蔽起來。後來，這座車站在一九四五年永久關閉，原因是其中的月台彎度太大，不適於較長的列車行駛。

安顏西在腰側揮舞著手電筒，示意下一班車的駕駛接我們上車。我們又繞過另一個彎道，一眨眼之間就從那個奇妙的兔子洞回到了大都會運輸署平淡普通的環境裡。

紐約早期的地鐵還有其他的高雅特色，但大部分都在二十世紀遭到摒棄。設有精美銅質配件的橡木售票亭，遭到樹脂玻璃與鋼鐵構成的籠子取代。鋪著玻璃磚的人行道原可讓地面上的光線透入地鐵站內，但後來這些人行道也都逐漸改鋪水泥。超過一百個地鐵入口原本設有仿造土耳其夏日別墅的亭子，由拱形鐵條與玻璃構成，後來因為汽車駕駛抱怨這些亭子遮蔽了他們的視線，而全數遭到拆除。（艾斯特街〔Astor Place〕地鐵站那座為通勤乘客遮風擋雨的入口亭，即是忠實仿造當時那些亭子的現代產物。）身為跨區捷運金主的小貝爾蒙特，為整套地鐵系統核發的裝飾經費只有五十萬美元。這筆金額即便在當時也是少得可憐——他為自己打造的私人地鐵車廂米尼奧拉號（Mineola），花費就不只五十萬美元，而且還採用來自菲律賓的桃花心木、滑動人造皮窗簾、柔軟的沙發椅，甚至配有專屬駕駛。

跨區捷運正式啟用之後的第一個星期日，一百萬名紐約居民紛紛排隊搭乘這條從市政府沿百老匯通往哈林區一四五街的地鐵。有些車站的排隊人龍長達兩個街區。跨區捷運的特快車時速達四十英里，是當時全世界速度最快的大眾運輸鐵路——至今仍是全世界少數設有專屬特快車軌道的地鐵之一。大眾對這套新系統的熱切歡迎乃是出自肺腑真心。在這個長期以來壅塞不已的商業中心，眾人對於這樣的移動自由已經等待許久。

大塞車是紐約的地理形勢與歷史造成的結果。畢竟，紐約其實是一座都市群島，被許許多多的潮汐河口與河流切割開來。曼哈頓下城那些迷人的狹窄街道是殖民地時代、甚至是前工業時代的荷蘭聚落所遺留的產物。一八一一年，紐約州官員規劃了一份街道藍圖，從此成為未來所有發展的樣板：一百五十五條街道從曼哈頓島一側的河流延伸到另一側的河流，再由十一條寬一百英尺的大道交叉銜接，形成一片從格林威治村延伸到哈林區的棋盤狀街道，沒有多少可容納綠地的空間。寬廣的南北向大道交會著一條條相互緊鄰的狹窄街道，寬度只適合一到四層樓高的建築。沿著一條美洲原住民古老步道修建的百老匯，在這個棋盤上畫出一條對角線，使得主要路口產生交通混亂。

中央公園在當初那個時代還是一片沼澤地，哈林區仍是一座偏遠村莊，周圍環繞著有錢農人的莊園——在那個時候，州政府官員規劃的街道圖看起來必定猶如美妙的夢想。不過，隨著港口繁榮起來，紐約的人口也隨之大幅成長，在一八二〇至四〇年間增加一倍，接著又在一八四〇至六〇年間再度倍增——到了一八九〇年又再一次。在居民人數達到三百四十萬的情況下，二十世紀初的紐約是當時全球第二大城，人口密度更是高居第一。身為美國外來移民聚集地的紐約下東區，平均每個街區擠進了將近五千人，成為全球最擁擠的一片土地。

紐約在十九世紀的頭十年，原是一座步行城市，徒步橫越市區只需不到半小時。隨著市區延展到第十四街以北，橫越市區的時間也隨之拉長，紐約市最早的公共運輸企業家於是開始競逐乘客的車資。一名馬廄主人偷取法國人的點子，在一八二〇年代推出了馬匹拉行的公車，依照固定的路線與時刻行駛。紐約哈林鐵路——世界第一條馬車鐵路——又進一步提高競爭難度，在包里區（Bowery）鋪設鐵軌：鐵軌減少了摩擦力，因此能比緩慢的公車以更快的速度拉動更多乘客，而且所需的馬匹還更少。

到了一八六〇年，紐約共有十四家馬車鐵路公司，每年載運三千八百萬人次的乘客。這時候，曼哈頓的街道狀況已到達令人難以忍受的程度。由於街道沒有分道，因此交通雜亂無章，根本難以前進。板車、肉販推車與雜貨商的拉車秩序混亂不堪，據說在富爾頓街上穿越百老匯得花上二十分鐘。馬克．吐溫在一八六七年為一份加州報紙所寫的文章，鮮明地呈現這種情形有多麼荒謬：

搭車的唯一選擇，就是搭乘人滿為患的公車，停停走走，以四個半小時行駛三英里的速度奮力前進，一再被步履快速的行人拋在腦後，也總是和其他車輛糾纏不清，只見那些車輛紛紛想前往某地，卻又到不了。或者，你要是忍受得了，也可搭乘鐵路馬車，在一排從車頭延伸到車尾的男性乘客當中站立四十五分鐘（座位自然都坐滿了人）——或者，要是你願意，也可以站在車外的露天平台上，但由於人潮極為擁擠，你連眼睫毛和腳趾甲都得用力攀抓才不會跌下去。

馬克．吐溫總結指出，在紐約想做任何事情，都得花上一整天的時間與交通搏鬥。

在城市堪稱陷入停擺的情況下，改善公共運輸的計畫於是就像一劑解藥，在科學期刊與畫刊週報當中漫天飛舞。有些愚蠢的建議甚至真的被建造出來。西區與揚克斯暢行鐵路（West Side and Yonkers Patent Railway）簡直是出自蘇斯博士（Dr. Seuss）童書裡的構想，其設計是在格林威治街上（也就是後來所謂的「肉品包裝區」〔Meatpacking District〕）建造一條懸空三十英尺高的單軌軌道，由纖細的鑄鐵支柱支撐。隱藏在人行道底下的蒸汽引擎驅動一條條鋼索在巨大的滑輪組上不停轉動；乘客排隊搭上一部車廂，一名工人拉下控制桿，車上的爪子隨即夾住鋼索，於是車廂便在鋼索的拉動下沿著半英里長的軌道前進。這條被報紙稱為「嘎嘎響捷運線」的鐵路經常故障，導致令人發噱的景象，只見通勤乘客被困在街道上方三層樓高的軌道上，必須靠梯子救下來。經過短短兩年極不穩定的服務之後，這整座設施就在警長拍賣會上以九百六十美元賣掉了。

只要「老大」特威德（William "Boss" Tweed）持續掌控民主黨的紐約政治團體坦慕尼協會（Tammany Hall），有效率的大眾捷運就不可能有機會出現。這名貪腐至極的公共工程官員為了保有既得利益，竭力把大眾運輸保持在地面上：特威德在公車上投資了大筆資金，而且靠著向馬車鐵路線的所有者核發為期九百九十九年的專營權而大發橫財。發明家畢區（Alfred Beach）對於地鐵能否得到核可大感絕望，同時又因為看到倫敦地鐵的成功而深受激勵，於是決定暗中建造一條地下鐵路。一群工人利用夜間進行挖掘工作，並且從華倫街（Warren Street）與百老匯路口一家服飾店的地下室以推車運走土石，結果在無人查覺下挖出了一條長三百英尺的隧道。一八七〇年，畢區得意洋洋地公開他的氣動鐵路。好奇的民眾在一座設置有長椅、水晶燈與平台鋼琴的地下大廳裡候車，接著排隊走進一輛馬蹄形的車廂，這輛車廂的大小正好可行駛在一條直徑八英尺的隧道裡。一部礦坑通風用的巨型風扇開始轉動，吹出的風可讓滿載乘客的車廂以六英里的時速在隧道中前進。後來總共有將近五十萬人以每人二十五美分的價格搭乘氣動鐵路。特威德原本想控告畢區，但在氣動鐵路開幕不久之後，特威德就因貪腐罪名而被判處無期徒刑。可惜的是，在一八七三年的大恐慌當中，由於美洲各地的鐵路紛紛停擺，新的建造計畫也因此夭折，氣動鐵路更是就此封閉起來，徹底被人遺忘。四十年後，隧道工人在挖掘通往布魯克林的地鐵線隧道時，無意間挖到了那座地底大廳，裡面還擺著那部鋼琴，這簡直有如地底獸人闖入了一部維多利亞時期的時光機。

畢區的氣動鐵路是個超前其時代的構想：後來又經過一個世代的內部傾軋之後，才終於又開始動工興建另一條地下鐵路。紐約在這段期間只能湊合著使用地面上那些笨重的運輸設施。許多大道上都有纜車，但纜車的危險惡名昭彰。從一八八〇年代開始取代鐵路馬車的電車，在不久之後便到處可見；但在曼哈頓擁擠的街道上，電車的前進速度卻是慢得讓人難以忍受。解決大眾運輸問題的權宜之計是高架鐵路，不久之後便有四條主要大道在上方架起這樣的軌道。在自由放任的十九世紀，高架鐵路儼然是一種再自然不過的解決方式：私人企業可以在無需政府協助的情況下，以低廉的成本迅速建出這樣的鐵路。到了一八九〇年，紐約的電車與高架鐵路的載運量已達到每年十億人次，比美洲其他所有鐵路的載運量總和還多。

高架鐵路雖然受到廣泛使用，卻也備受嫌惡。高架鐵路有什麼問題？沒什麼問題——除非這麼一條鐵路剛好經過你的鄰里。布魯克林至今還保有許多高架鐵路的路段，為了瞭解這種鐵路有多麼惱人，於是我在某天下午搭乘 Q 線列車前往科尼島（Coney Island）。布萊頓海灘大道（Brighton Beach Avenue）上方有四條高架鐵路。即便在最恬靜的時刻，走在這條道路上的俄國熟食店與美甲沙龍之間，還是不免覺得嘈雜不已：頭頂上的軌道不但遮蔽了日光，汽車與卡車在道路上的喇叭聲與引擎聲也因此放大了至少兩倍。我看著一班駛向曼哈頓的列車奔馳而來，節奏規律的喀噠聲響愈來愈大，大到令人汗毛直豎的程度，接著列車的輪子更在科尼島大道上方的彎道發出刺耳的尖嘯聲。若是兩班列車同時經過，那種感覺活像是身處瓦爾哈拉（Valhalla）保齡球館底下的地下室裡。

在一八九〇年代期間住在曼哈頓的第二大道，想必更是艱苦許多。當時在頭頂上轟隆來去的列車不是由電力驅動，而是藉由燃煤。行人要不是被車軸潤滑油噴濺到身子，就是被從煞車片上飛出的鐵屑遮蔽視線，而燒得火紅的煤塊也經常掉落在路上。一名澳洲旅遊作家在走訪紐約期間抱怨道，高架鐵路就像是頭頂上有一座「隨時活躍的火山」，而且「對一般人的神經系統是一大考驗」。高架鐵路雖然導致周遭的房地產價格下跌，卻與先前的電車一樣成功地降低了曼哈頓下城驚人的人口密度。隨著居民逐漸遷往較不擁擠的社區，並且搭車到市區工作，廉價出租公寓也逐漸往北蔓延到中央公園以北。

興建地下鐵路則是另一回事，而且反對聲浪更是來自四面八方。百老匯上的房地產持有人擔心房屋的地基會遭到破壞，甚至整棟百貨公司因此崩塌。報紙也登出各種駭人的報導，例如新建成的倫敦地鐵環境極糟，竟有婦女在其中窒息身亡。此外，紐約市民也擔心市政府一旦涉入地鐵的興建工程，開發商與政客都會從中撈取油水——經過數十年來的坦慕尼協會貪腐現象之後，這樣的擔憂的確相當合理。後來，在某年的三月初，就在地鐵興建爭論正熾之際，一股強烈的東北風從紐澤西襲來，暴雪積到了透天住宅的二樓高。渡輪暫停行駛，蒸汽引擎熄火，紐約市內所有的馬車鐵路與高架鐵道也都遭到積雪堵塞。才短短兩天的惡劣天氣就癱瘓了西半球的商業首都。《泰晤士報》驚訝地指出：「紐約完全與外界隔絕，彷彿曼哈頓島位於南太平洋一樣。」

一八八八年的暴風雪終結了爭議：紐約將興建地鐵。市長提出一項方案，由私人企業建造及營運地鐵列車，市政府則擁有名義所有權。這種做法雖把公共運輸的控制權交給了商業菁英，無法受到有效的民主管制，選民卻在一場公民投票當中以三比一的贊成比例支持這項方案。一九〇〇年二月二十一日，小貝爾蒙特簽署了一紙合約，將在往後五十年間興建跨區捷運，並負責營運——車資保證為五美分。一個月後，一支儀隊在市府公園擊響二十一發禮槍。普立茲（Joseph Pulitzer）的報紙報導指出，在每一發禮槍之間，「全世界最受矚目的口號：『十五分鐘抵達哈林區』，熱烈地在眾人口中傳誦，最終匯集成一曲壯闊的合唱」。

經過長久的等待，紐約的第一座地鐵終於動工了。

第二大道的故事

在破土典禮過了一百一十年之後，紐約地鐵仍在興建中。佩科拉（Joe Pecora）原本不會在乎這個，但問題是，這工地就在他的餐廳門前。

「歡愉九二」（Delizia 92）是一家店前有霓虹燈點綴的義大利餐廳，就座落在第九十二街與第二大道交口的角落，從一九七八年開始，就在這裡為上東區居民供應披薩餃與西西里起司捲。在午餐的尖峰時刻結束之後，佩科拉坐著，面前有一杯義式濃縮咖啡，目光憂鬱地凝望著在門外道路上一個長方形坑洞旁啜飲著濾式咖啡的隧道工人。說來不幸，歡愉九二就位在隧道開挖處旁。一部隧道鑽掘機剛剛在這裡垂放到地底，開始第二大道地鐵線的第一階段挖掘工程。

「他們先寄了信通知我們，」佩科拉告訴我：「可是我們不相信真的會動工，因為第二大道地鐵線以前就開工過兩次，但從來沒完成。後來，他們架起了柵欄。」他說，這項工程為他帶來許多困擾，包括無預警停電，店內昂貴的設備也遭到破壞。工程的震動導致地板上的隙縫擴大成令人怵目驚心的裂口。地下室的水管破裂，他的顧客也找不到停車位。「而且這種情形還得持續七年。」

第二大道的這個路段曾經是「德國城」，其中聚居了德裔、匈牙利裔、俄裔與愛爾蘭裔的居民；馬克斯兄弟就在這裡的街角長大，[5]住在高架鐵路促使這個地區受開發之後建出的某幢出租公寓裡。高架鐵路在一九四二年拆除之後，第二大道開始變得愈來愈密集，因為房地產開發商認定承諾許久的地鐵即將實現，而在這裡興建許多高樓大廈。這裡的建築不像上東區那種工業鉅子的豪宅以及麥迪遜大道（Madison Avenue）的精品店；這裡仍是許多勞工階級店家的聚集地，例如海德堡餐廳以及歷史長達半世紀的多里安紅手酒吧（Dorrian's

Red Hand）。

佩科拉身為第二大道商會的會長，聽聞過許多當地人的牢騷。有若干商家已經倒閉了，還有一棟百年歷史的住宅大樓因為出現危險的傾斜而得疏散其中住戶。「大都會運輸署提供給商家的補償根本微不足道，」佩科拉埋怨道。為了興建地鐵入口，至少已有五十二名住戶遭到遷離。

這聽起來像是大政府強迫地方居民接受巨大工程的典型案例。不過，這次的各方相關人士——甚至包括抗議發起人自己——似乎都不反對地鐵計畫本身。「我絕對認為這條地鐵有必要興建，」佩科拉說：「可是他們應該給商家更多補償。」他只希望車站不要蓋在他的門口。「理想的開挖處應該是第九十六街。」換句話說，往北四個街口——就在哈林區的起點。

大都會運輸署則認為自己已經力求公平。他們準備了一千萬美元預算，用來補償願意搬遷的住戶；如果有住戶選擇租金比較昂貴的公寓，大都會運輸署也會幫忙支付未來三年半的租金差價。「值得注意的是，」該署的基本建設公司總裁霍洛尼謝努（Michael Horodniceanu）告訴我：「我們每天為那個地區帶進三百名工人，其中許多人都會到歡愉九二吃片披薩。」第二大道上只有少數幾個路段會受到隧道工程的影響——歡愉九二只是恰好位在其中一個路段上。大都會運輸署的鐵路服務設計主任卡費羅（Peter Cafiero）指出：「我們在車站地區就得在地面上施工，因此在這些地方都會被人特別注意。不過，只要我們是在地底下以隧道鑽掘機挖掘土石，大多數人根本不會感受到我們的存在。」

相較於一九〇〇年的第一輪公共運輸工程，目前在第二大道進行的興建工作根本稱不上造成任何困擾。當年的跨區捷運有一半的路線都是採「隨挖隨填」，這是布達佩斯與波士頓興建地鐵首倡的技術。隧道工人必須挖開主要幹道的路面，將地面下的下水道與煤氣總管改道，並在百老匯、第四十二街與第四大道挖掘長方形的壕溝。工地旁的建築物必須加以支撐，並且架設木橋以支撐電車的重量，讓電車持續在工人的頭頂上行駛來去。意外經常發生。在中城，一根掉落的蠟燭引爆了四分之一噸的炸藥，炸毀了中央車站的外表，各建築的正面也塌落掉進坑裡，高級住宅內的浴缸與婦女閨房也都因此暴露出來。在第一條地鐵興建工程的各種爆炸與隧道崩塌事故中，共有四十四人喪生。

後來的長期成果是否值得這短期的陣痛？當時那套新系統無疑迎合了一項迫切需求。跨區捷運啟用後的第一個月，載運量就達到每天四十二萬五千人次，報紙也開始報導「地鐵壅塞」的現象。跨區捷運啟用不到四年，列車就已超載達百分之三十。

地鐵對紐約市貌的影響比高架鐵路及電車還大。這座步行城市的面積隨即擴展為原本的三倍。房地產業者買下北曼哈頓與布隆克斯區的農地，為勞工階級家戶興建「新法」出租公寓[6]——比下東區的無電梯公寓空間更寬敞，通風也更佳，還設有通風井與中庭。地鐵這種「窮人的馬車」促成了環境良好而且適宜步行的鄰里——例如位於偏遠的皇后區的傑克森高地（Jackson Heights），就是一座典型的園林郊區（後來更成為電視節目中的平民香格里拉，《歡樂單身派對》影集裡的康士坦沙夫妻就住在那裡）。在紐約外區，幾乎所有的新工程都集中在地鐵周遭四分之一英里的範圍內。跟著大眾運輸的路線，勞動貧窮人口因此得以擺脫骯髒鄙陋的工業區，改住到較為綠意盎然的地方。在地鐵出現之前，超過半數的紐約居民都住在曼哈頓；過了四十年後，只有四分之一仍住在那裡，布魯克林則是成為紐約市人口最多的區。

地鐵雖然降低了曼哈頓的人口密度，卻也增進了市區的商業發展。當時的地鐵首席工程師帕森斯（William Parsons）說：「地鐵帶來的一項最壯觀的結果，就是摩天大樓。」如果沒有地鐵，克萊斯勒大樓與洛克斐勒中心都不可能出現：由於捷運的水平技術，加上垂直運輸在十九世紀的突破——安全電梯在一八五七年首度裝設於百老匯上的一棟五層樓高的建築物裡——密集興建的摩天大樓才從此成為真正可行的構想。隨著第四十二街接駁線連結了時報廣場與中央車站，地下鐵路於是促使曼哈頓的商業重心以驚人的速度從華爾街轉移到中城。聯邦政府出資興建的灌溉系統造就了洛杉磯，而紐約地鐵也與這套系統雙雙被視為史上對都市房地產影響最重大的改善措施。

然而，許多紐約居民卻自始就將地鐵視為理所當然。「群眾雖然仍對地鐵的陌生奇特深感著迷，」《紐約時報》一名記者在一九〇四年的啟用日之後不久寫道：「車上的乘客卻都平靜地在自己住處的車站下車回家，若無其事地完成他們從此以後每天都將經歷的例行通勤行程。紐約人對任何事物都不會吃驚太久。」紐約人對於地鐵列車的熟悉感隨即轉為嫌惡，從而形成紐約最歷久不衰的抱怨：那些肥貓都靠把通勤乘客塞進喀啦作響的窒悶盒子裡而大發橫財。

這項埋怨確實有其道理，至少在早期的確如此。一九一三年，紐約市與跨區捷運公司及布魯克林運輸公司簽署了「雙重合約」，將地鐵線延伸至東河與哈林河對岸，總里程數延長一倍。赫斯特（William R. Hearst）在他的《紐約晚報》（*New York Evening Journal*）裡嚴厲抨擊這項與「權勢集團」訂立的合約，鼓吹市政府應該完全控制整個地鐵系統。這位現實生活中的「大國民」對於雙重合約說得沒錯：那項合約對紐約市不利，任由那些地鐵大王撈走車資，所有的債務卻都由市政府負擔。不過，赫斯特對地鐵利潤的看法卻錯了——才過不久，紐約地鐵就開始虧損。到了一九二〇年代，「權勢集團」已付不出資本負債的利息，而被迫裁去數以千計的警衛與剪票員。

暫且將美國那種牢騷滿腹的公民傳統放在一旁，地鐵對紐約居民而言卻是一大好事。過去五十年來，任何人只要口袋裡有五美分，就能搭乘地鐵到科尼島、洋基體育場或時報廣場。按照這樣的費率，一個勞工階級家庭的戶長若是每週通勤六天，交通花費也只占一年總收入的百分之一而已。[7]然而，正是這筆五美分車資注定了紐約地鐵無法獲利：一九二〇年代的通貨膨脹導致紐約市的大眾運輸出現龐大赤字。隨著乘客人數在經濟大蕭條期間短暫下滑，跨區捷運公司隨即不支破產。地鐵車資在一九四八年才調漲為一角，當時所有美國其他城市的地鐵車資全都早在許久之前就漲價了。

多年來，民粹政客一再提議由市政府取得地鐵的所有權。一九三三年首次當選紐約市長的拉瓜迪亞，在任內完成了「獨立地鐵系統」，這是紐約地鐵路網在二十世紀所添加的最後一項重要建設。做為一套有別於私營路線的市營地鐵系統，這套「人民的地鐵」對於曼哈頓而言雖然非常好，卻未能進一步延展至皇后區以外。獨立地鐵系統的路線以第八大道地鐵線為起點，大多數都與既有的私營路線互相平行，並且形成直接競爭的關係，頂多只是填補了私營路線當中的空缺。不僅如此，獨立地鐵系統更是財務上的一大災難：每載運一名支付五美分車資的乘客，市政府就損失九美分。獨立地鐵系統在不久之後就喪失了獨立性。在拉瓜迪亞的主導下，獨立地鐵系統與破產的私營公司結合成一套單一系統。（在今天的紐約地鐵中，編碼A到G的班車所行駛的路線即屬於過去的獨立地鐵系統；編號班車行駛的則是過去的跨區捷運路線；一般而言，編碼J到S的列車行駛的是布魯克林—曼哈頓運輸公司的路線。）一九四〇年，拉瓜迪亞戴上一頂駕駛帽，以列車司機一號的身分搭乘了由市政府擁有的新地鐵：紐約捷運系統。過去七十年來，地鐵乃是屬於紐約市民所有。

指稱紐約地鐵源自私人企業家的才智，其實是種誇大的說法。事實上，紐約地鐵是現在所謂的「公私合夥」的產物。如果沒有市政府出資或是紐約的債券發行能力，這套系統絕不可能興建。市政府給了小貝爾蒙特三千五百萬美元進行鋪設軌道與挖掘隧道的工程，還另外提供了一百五十萬美元購買建設車站所需的土地。私人公司也只有在地鐵初期有利可圖的時候握有經營權——而這時間不到二十年。不過，即便在私人經營權結束之後，商業管理的意識形態還是存留了下來。一九五〇年代，共和黨律師溫德爾斯（Paul Windels）協助成立了一個高度官僚化的機構——紐約市捷運局——於是地鐵不再直接受到民主控制。大都會運輸署是州政府層級的上級機構，在一九六八年接管了紐約市捷運局的業務與市內的通勤鐵路。在延遲維修政策導致地鐵系統陷入衰頹之後，民間那種老掉牙的抱怨——亦即有些人靠著大眾運輸乘客的痛苦撈錢——又更加根深蒂固，於是紐約居民也就越來越疏離自己的地鐵。

長久以來，房地產業一直抗拒財產稅應該用於補助大眾運輸的概念。鑒於地鐵為公寓大樓帶來的增值效果，進而為開發商帶來財富，這種態度實在是忘恩負義的極致表現。「地鐵代表了市政府對於民間營建產業的間接補助，」胡德（Clifton Hood）在《七百二十二英里》（*722 Miles*）這部講述紐約地鐵興建史的著作中痛陳：「市政府在沒有違反自由放任主義禁止公部門直接干預私部門的禁忌之下，為勞工階級家戶協助提供像樣的住屋。地鐵歷久不衰的一大影響，就是紐約的貧窮市民因此得到較為充實也較具生產力的人生。」

回到第二大道上，延宕已久的地鐵仍然為佩科拉帶來了無盡的煩惱：人行道上的鐵絲網、施工的振動、開挖處垂置的重型裝備——這個鄰里遭受的侵擾恐將持續至本年代末。（在此同時，你還是大可到歡愉九二吃一頓。佩科拉做的菠菜披薩餃美味無比。）不過，一旦第二大道地鐵線開通，一天將載運五十萬人次的乘客，分攤紐約地鐵自從啟用以來就一直處於爆滿的搭車人潮。對於像紐約這麼密集的城市而言，挖掘地鐵堪稱是進行一場必要的手術，絕對值得這樣的開支與短期陣痛。地面的傷口很快就會縫合，而一旦痊癒之後，紐約市將因此變得比以前更強壯、更有效率，也更具凝聚力。

但快速道路則是另一回事。快速道路造成的是永遠不會癒合的傷口——而且只會撕裂城市。

大刀闊斧砍除障礙

一個世紀以前，紐約市原本正要打造出絕佳的生活環境。優美的公寓大樓——首倡於鍍金時代的高所得公寓住宅，如第八街上的史岱文森公寓與第七十二街的達科他公寓——造就了龍蛇雜處的密集都市環境，工人的家戶就在上班地點的步行距離內。奧姆斯德（Frederick Law Olmsted）設計的中央公園——參考自史上第一座公共都市公園：利物浦的「人民花園」（People's Garden）——讓人得以暫時擺脫棋盤式街道，而街區大小的公園也一再出現。城市美化運動中那些思想進步的富有人士，透過遊說，為紐約市成功爭取到各種公民藝術與受古典建築啟發的公共紀念建物（他們也反對廣告侵入地鐵，但沒有成功）。室內廁所、電燈以及公共衛生的改善，讓紐約市成為一個更潔淨也更宜人的居住地。這是一項全球性的趨勢：連同巴塞隆納的埃桑普勒（Eixample）、巴黎的香榭大道、芝加哥的黃金海岸、布宜諾斯艾利斯的雷科萊塔（Recoleta）與上海的外灘，紐約的第五大道也成為各種優雅都市主義的最新表現形式的試驗場。另一方面，紐約的勞工階級也對中城那座由摩天大廈構成的新興「奇妙城市」深感熱切——那些林立的高樓不但體現了最崇高的公民志向，也讓土地使用效率達到最大化。地鐵將這座大都會凝聚在一起。為了妥適擘劃日益成長的紐約市，區域規劃協會在一九二二年成立，其中富有遠見的城市規劃專家也擬訂了充滿野心的地鐵擴張計畫（包括一條沿著第二大道修建的路線），希望打造一套鐵路系統，讓市民只需以低廉的費用即可迅速且舒適地在市內各地移動。前景似乎一片光明。

但接著卻發生了一件事情，這件事猶如一場慢動作的海嘯，徹底改造了紐約市的面貌。這項發展開始得相當緩慢，首先是出現了少數幾輛模樣奇特、走走停停且不時回火爆鳴的汽車這種富裕人士的玩物。不過，到了一九三二年，紐約市已有七十九萬輛汽車，於是交通又再度陷入壅塞。這一次，堵在街道上的不再是肉販推車及鐵路馬車，而是福特、克萊斯勒與雪佛蘭的汽車。汽車入侵的最大幫凶是摩希斯（Robert Moses）——是他把現代大都市變為汽車能安全奔馳的地方。

我們可能可從正面的角度看待摩希斯的職業生涯，而近來的史學家、博物館策展人與記者也正採取如此觀點，對他留下的影響大幅翻案。以下是經過授權的美化傳記內容：摩希斯在一八八八年出生於一個富有的家庭，在耶魯、牛津與哥倫比亞大學接受絕佳的教育，後來致力反對市政府的資助，並且首倡通往長島的公園大道——徵用了許多富人的土地——使得勞工階級的民眾能擺脫燠熱的市區，前往瓊斯海灘以及他所打造的其他海岸遊樂區休閒。他利用「新政」的資金興建宏偉的三區大橋，並且巧妙利用管理機構的法律概念確保快速道路的過路費成為一筆獨立的收入來源，讓他得以用於投資其他公共建設——包括韋拉札諾海峽大橋（Verrazano-Narrows Bridge），該橋在完工當時是世界上最長的吊橋。隨著摩希斯的影響力愈來愈大，他為紐約市帶來了聯合國大廈、兩屆世界博覽會，也促成上西區復興的林肯中心。他建造的華麗游泳池為貧窮的鄰里賦予了高雅的氣息，他打造的公園與遊樂場為紐約客提供了喘息的空間，而他興建的一千棟以低收入住戶為主的公寓大樓更為所有紐約居民解決了居住問題。在他長達四十四年的職業生涯中共歷經五任市長與六任州長，總共建造出十五條快速道路、十六條公園大道、西區快速道路、哈林河公路與謝亞球場。摩希斯敢於做大夢，也達成許多大成果：若沒有他興建的快速道路，紐約的車流將徹底堵死，從而扼殺紐約市的所有經濟活動。從這個角度來看，摩希斯的確是二十世紀紐約的大建設家。如同一名為他翻案的人士所説的，和他比較之下，「奧斯曼男爵不過是個小包商而已」。[8]

卡洛（Robert A. Caro）為摩希斯撰寫了一部精湛而龐大的傳記：《權力掮客》（*The Power Broker*），其中提出了另一種看法。在優渥環境中成長的摩希斯從未受過真實生活的磨難。他從九歲開始就睡在訂製的床上，吃的是家中聘請的廚師烹調的餐點，並以上等瓷器盛裝。他在擔任公園處長期間，以詐欺手段騙取長島農民與屋主的土地好建造他的公園大道——基本上只是繞過富人房地產的牲畜運送道，讓那些買得起車的小康人家能開車前往景觀被龐大的停車場破壞掉的海灘。他在河畔興建快速道路，導致紐約市與水濱就此隔絕，而且他建造的公園也滿是水泥地而非草地，導致城市沒有變得更綠，反倒更灰。當時的種族歧視氛圍也不足以開脱他對少數族群的徹底蔑視：在他於一九三〇年代期間建造的兩百五十五座新遊樂場當中，只有一座位在哈林區。（這座遊樂場被他的一條快速道路與紐約市隔離開來，其中的攀爬架還以鑄鐵的猴子雕像裝飾。）在第二次世界大戰結束後的十年間，摩希斯造成三十二萬人遭到驅離；他那些廉價貧瘠的公寓大樓成了垂直貧民窟，在往後數十年間造成城市的衰敗。他有些更加瘋狂的計畫要是真的實現——例如一條穿越帝國大廈六樓的快速道路、穿越當今蘇活區的曼哈頓下城快速道路，以及必須拆除柯林頓堡（Castle Clinton）與砲台公園（Battery Park）而興建的砲台大橋——紐約將成為一座幾乎無法居住的城市。摩希斯的所作所為，其實就是階級戰爭；不是以武裝車輛與燃燒彈發動的戰爭，而是靠推土機與水泥。

不論你採信哪一種觀點——把摩希斯視為大建設家還是大壞蛋——有一點都是顯而易見的：摩希斯對大眾運輸嗤之以鼻，也包括對那些搭乘大眾運輸的民眾。他拆除紐約市的電車軌道以提高交通流暢度，公園大道上的天橋也故意設計得比公車的高度低了那麼一點，因此只有轎車車主能前往瓊斯海灘（摩希斯自己住在長島）。他毫不理會區域規劃協會的建議，拒絕在橋梁或快速道路的安全島上空出空間設置列車軌道，導致民眾無法搭乘列車前往愛德懷特機場（Idlewild Airport；也就是後來的甘迺迪國際機場）以及其他許多地點。

卡洛在《權力掮客》裡指出：「摩希斯靠著建設許多公路，導致紐約市淹沒於車陣當中。藉由循序漸進地剝奪地鐵與市郊通勤鐵路的資源，他更是促使車陣洪流膨脹到足以摧毀整座城市的程度。他將在自己崛起之際仍是一片鄉野的龐大市郊地區填滿了廣泛蔓延的低密度住宅區，不適於大眾運輸系統，而必須仰賴道路，因此他也確保了這股車陣洪流將持續好幾個世代，甚至好幾世紀，於是紐約都會區的交通運輸恐怕永遠都會是個令人懊惱而且浪費大量時間的問題。」第二大道地鐵線之所以遲至二十一世紀才終於動工興建，原因就是公共經費在二十世紀期間都遭到摩希斯霸占，用於興建橋梁與公路，而不是大眾運輸設施。

最重要的是，摩希斯自己從沒學會開車，出入都是搭乘由司機駕駛的帕卡德（Packard）冷氣空調豪華轎車，因此他完全沒有注意到當時已開始出現端倪的塞車問題。他透過讓民眾更容易開車以及居住在能靠開車到達的市郊地區，注定了紐約在未來的癱瘓命運。他促成長島的郊區化發展，造就許多大量建造、以汽車為基礎的市郊社區——例如位於萬塔州立公園大道旁的利未城（Levittown）——將村莊與農地吞沒殆盡。三區大橋原本的目的是要解決紐約的交通問題，結果這座橋梁完工之後的幾個月內，紐約市其他所有橋梁的堵塞現象反而變得更嚴重。摩希斯的橋梁與橫跨全城的公路首度證實了誘發式交通理論：建造更多公路，只會讓這些公路立刻塞滿車輛。

也許我們不該以摩希斯造出的成果批判他，而應著眼於他破壞的事物。最令人痛心的一個例子發生在位於布隆克斯區中心的東翠蒙特（East Tremont）。這是一個勞工階級民眾聚居的地區，其中的猶太人、義大利人與愛爾蘭人逃出了擁擠的下東區，在此地定居生活，造就出一條熱鬧的商店街，其中包括猶太肉販、麵包舖、熟食店與電影院。這個區域的公寓以寬敞平價著稱，廣場大道（Grand Concourse）沿路盡是美觀的裝飾藝術建築物，有著造型流線的正面，而且只要步行一小段距離即可抵達湖泊、網球場與克羅托納公園（Crotona Park）的棒球場。這裡沒多少家戶擁有汽車，一條跨區捷運線直通曼哈頓的服裝區，也就是這個鄰里內大多數居民的工作地點。後來，摩希斯在地圖上畫了一條線，宣稱東翠蒙特阻擋了他長達七英里的跨布隆克斯快速道路。儘管居民示威抗議，他卻連將這條快速公路偏移一個街區都不肯，還誇口說道：「在建築過多的大都市裡做事，就必須大刀闊斧地砍除障礙。」理論上，當地居民可有九十天的時間搬遷，實際上，他的工程團隊卻是在公寓頂樓的住戶遷離之後，就馬上開始拆除屋頂。快速道路完成後，東翠蒙特便遭到一塊寬達兩百二十五英尺、而且無可跨越的水泥撕裂成兩半。總計共有一千五百三十個家戶遭到遷離，這個原本充滿活力的鄰里只能眼睜睜看著自己的心臟被人挖除。

摩希斯的盲點是社區，他從來無視在他的模型與藍圖上不會出現的地方居民。一九五六年，他原本打算拆除中央公園備受喜愛的綠地客棧餐廳，改建成一片停車場，結果因為一名推土機駕駛員拒絕衝過一道由一群衣著體面的婦女推著嬰兒車形成的人牆而功敗垂成——這幅情景也受到紐約市各大媒體的報導。此外，他原本企圖將格林威治村的部分地區宣告為破敗的貧民窟，居民的抗議活動更增強了他身為毀滅社區劊子手的形象。摩希斯曾經規劃一條穿越華盛頓廣場公園的四線道公路，結果這項計畫遭到阻撓之後，有人聽到他氣急敗壞地說著：「沒有人反對這項工程。沒有人，沒有人，就只有一群媽媽而已。」

當然，其中一位媽媽就是卓越的都市理論家珍・雅各（Jane Jacobs）。這位作家暨社會運動活躍分子在她位於哈德遜街的住家，針對摩希斯的工程計畫巧妙安排了充滿戲劇色彩的反對活動，包括在華盛頓廣場焚燒紙紮的汽車，以及在一場公聽會的講台上拋撒速記紙以抗議曼哈頓下城快速道路的興建工程。她在《偉大城市的誕生與衰亡》（*The Death and Life of Great American Cities*）裡，精確點出波士頓的北角與她自己居住的格林威治村這類鄰里的魅力所在，指稱十九世紀遺留下來的那種住商混雜的生活環境——酒保在店門口一面掃地，一面幫忙注意在街道上玩跳房子遊戲的鄰居孩童——造就了安全而且生氣盎然的都市空間。小街區、六層樓以下的建築、相互交雜的商店與住宅，以及眾多的行人，彰顯的絕非破舊衰敗，而是活力。在六〇年代那個熱愛汽車並且鄙棄城市的文化氛圍裡，雅各所開的藥方簡直是異端邪說：她堅信紐約應該增加開車的困難度，理由是居民若是靠單車、大眾運輸與雙腳進行移動，鄰里就會運作得更好。

長期來看，雅各的世界觀顯然得勝。曼哈頓在一九六八年之後就不再興建新公路，而一波波草根抗議運動也遏阻了巴爾的摩、密爾瓦基、紐奧良與費城的公路興建計畫。此外，摩希斯也活生生目睹了他的三區大橋管理局淪為大都會運輸署轄下的一個單位、紐約陷入破產，以及卡洛所寫的傳記摧毀了他的名譽。摩希斯的孫子似乎是他唯一真正寵愛的人，卻在從史丹福大學駕車返回長島的途中撞進涵洞而喪命。

雅各雖然致力捍衛成功的老鄰里，卻從來不曾認為這些鄰里完全不該有所改變。恰恰相反：她極力支持西村住宅當中數以百計的補助公寓；而她搬到加拿大之後，也支持多倫多的聖勞倫斯鄰里興建密集的混合收入住宅。然而，她的著作卻經常被鄰避主義者與香蕉主義者引為依據。[9]雅各對於「遺產」建物或是特定的建築細節並沒有特別的興趣。她支持社會複雜性，反對單調乏味、千篇一律的現代主義；她支持構成鄰里的「人」——而且這些人愈是多元化愈好。儘管她的名字曾被援引於反對地鐵線的抗議活動中，她卻是步行的愛好人士，也是大眾運輸的捍衛者。

如果說我們終於重拾百年前的承諾，致力於將北美的城市建立為適宜人居之處，那麼正是因為有像雅各這樣的母親，敢於抗拒摩希斯這類人士投注畢生事業追求的目標：為了汽車而不是為人所建造的城市。

哈德遜河上的阿姆斯特丹

在初夏的一個週一午後，我站在百老匯中央，覺得紐約彷彿變成一座美妙的行人城市。我上次造訪時報廣場時，洶湧的人潮一再將我擠下人行道，迫使我得在馬路上閃避迎面而來的車輛。這一次，百老匯共有七個街區的長度封閉了起來，僅供行人通行，於是我享受了半個小時的悠閒時間，在散置於一大片行人廣場上的戶外座椅間蜿蜒行走，周遭滿是從鄰近的辦公室出來吃午餐的紐約客，以及手持相機拍著霓虹燈招牌的遊客。兩天前，我也步行在麥迪遜大道的中央，並在一條完全沒有車輛的停車道上向一個墨西哥小吃攤買了一份法士達邊走邊吃。這是「夏日街道」計畫造就的成果：曼哈頓共有七英里的街道對汽車封閉，成為人行步道。

不是所有人都樂見封街的做法。我在第三十七街聽到一輛福特貨卡的駕駛對員警埋怨道：「重點是，他們占用了兩條車道哪！」他指著綠色自行車道以及一家街頭咖啡廳的長凳，這時只見一個家庭正在外側車道上啜飲冷飲。「可別誤會我了，這些當然都很好，可是有一天一定會有台失控的卡車撞上那些長凳，到時候這種情景就會拜拜了。」對於這種可能，他似乎稍微有那麼一點幸災樂禍的心態。

如果說今天曼哈頓的街道比起過去百年來更適合步行，那麼最大的功臣就是紐約市交通局局長莎蒂坎（Janette Sadik-Khan）。說起話來速度極快的她，自從二〇〇七年以來即負責管理全市六千英里的道路。

「紐約人對他們的街道非常熱情，」莎蒂坎在水街五十五號九樓的一間會議室裡告訴我。她看起來相當年輕，留著看來頗為淘氣的瀏海，以連珠砲般的說話方式和善於掌握數字著稱。「我隨時都覺得自己好像面對八百多萬個交通工程師，因為每個人對於該如何使用街道都有自己的一套看法。紐約市的人口在未來二十年將會增加一百萬。我們可不打算把所有的道路都變成雙層道路。唯一能夠因應交通需求的方式，就是提高路網的移動效率。

所以，我們必須仰賴的就是公車、單車道，還有更良好的步行環境。這些條件其實全都缺一不可。」

莎蒂坎簡要地提出相關數據：百分之九十五的通勤人士都靠搭乘大眾運輸、騎單車以及步行抵達曼哈頓的中心商業區。百分之五十四的紐約居民甚至根本沒有汽車。為了因應這樣的實際狀況，交通局在過去三年內已設置了兩百英里的單車道。他們在布隆克斯區推出了「特選公車服務」，也就是一條快速線道，藉由預付車資的方式加快公車上下客速度；而且他們也正在諮詢各個欠缺大眾運輸的社區，至少將再推出八條快捷公車專用道。新的法案將會強制設有貨運電梯的商業大樓業主提供室內單車停放空間。

但我指出，儘管有這些措施，除了少數能見度高的地點——例如時報廣場——紐約市的其他地區仍然受到汽車宰制，而且大部分的路邊停車格也都沒有停車計時器。莎蒂坎答稱她已竭盡全力限制交通量。她曾在紐約前市長丁勤時（David Dinkins）手下擔任政策制定人員，結果眼睜睜看著自己規劃的東河橋梁收費方案被束之高閣。在彭博手下，她致力爭取向進入曼哈頓的車輛徵收通行費。紐約藉著徵收橋梁通行費，將可跟進英國的榜樣：倫敦向進入市中心的車輛徵收八英鎊的通行費，將塞車情形減少了將近三分之一（而這筆收入則用於資助公共運輸）。這項法案獲得紐約市議會通過，卻在阿爾巴尼（Albany）被州議會擋了下來。

如此一來，我們不禁要問：既然只有百分之五的通勤人士開車上班，那麼堵塞曼哈頓街道的那些駕駛人——想必就是反對道路擁擠收費政策者——究竟是誰，而他們又來自何處？每天約有七十五萬輛汽車進入中心商業區。在摩希斯當初的規劃下，區域內的各大公路幾乎全都通往曼哈頓，因此這些車輛有五分之一只是路過而已；其他絕大多數都是來自缺乏大眾運輸的地區，如皇后區、布魯克林與長島。

一旦排除了送貨車、卡車、豪華轎車與電召車這類的「黑頭車」，以及計程車，道路上的駕駛人大部分都是公務人員。紐約政府員工開車上班的比例高達百分之三十五：長久以來，免費停車一向被視為擔任公職的一大福利。停車收費員幾乎從來不會對放有停車許可證的車輛開單——理論上，只有執行公務的市政府與州政府員工才能使用停車許可證。二〇一〇年，《紐約客》雜誌踢爆一名法官暨前參議院的多數黨領袖在巴尼斯精品百貨外利用停車許可證把車子停在消防栓旁，而不願停放在計時投幣的停車格內。這種行為對紐約州議員造成了嚴重的利益衝突：既然憑著停車許可證即可在市區內暢行無阻，又何必投票支持限制汽車進入曼哈頓——或甚至通過興建新地鐵線的預算？

我向莎蒂坎提起這個問題，她略顯尷尬地微微一笑。「在彭博市長的執政下，我們已將市府員工的停車許可證全面削減了百分之三十。交通局也正在推動一項汽車共乘試行計畫。這項計畫要是順利，將可在全市廣泛推行。」

莎蒂坎面臨的挑戰非常艱鉅。在彭博執政之下，都市計畫局雖然對紐約市百分之二十的區域進行了土地規劃變更——大部分都是針對密度較高以及地鐵車站方圓半英里內的地段——卻未採取任何限制汽車的措施。要求新建物提供道路外停車空間這種摩希斯時代的法規，至今仍然蔚為常態——而停車空間愈多，民眾就會愈傾向開車。在莎蒂坎的身後，我能看見布魯克林水濱那些老舊生鏽的碼頭，以及布隆克斯—皇后區快速道路上的多線道車流——摩希斯興建的這條道路造成了紅鉤區（Red Hook）的沒落。

「我們已不再採取一九五〇年代那種功利的眼光，把街道視為能讓汽車移動得愈快愈好的通道。我們現在其實是把街道視為珍貴的公共空間。就許多方面而言，交通局堪稱是紐約市最大的房地產開發者。」莎蒂坎值得讚揚的一點是，她促進街道改變的速度和她說話速度一樣快。「在某些地區，我們能在幾天內就把道路轉變成廣場。我認為紐約人對於等上十年、十五年才能見到變化的情況已經厭倦了。每當我們創造出一個公共空間，效果都非常驚人：人群在短短幾分鐘內就會憑空出現。」

和莎蒂坎談過之後，我漫步前往肉品包裝區，接著爬上幾段階梯，來到高架公園（High Line），這是紐約中央鐵路的一條廢棄路線，現在已變成一條美不勝收的高架步道。鐵路岔道彎入被磚塊封起來的倉庫，在預鑄水泥條塊之間長著漆樹、黃櫨及其他本土植物；上班族鬆開領帶、解開上衣的扣子，懶洋洋地坐在長凳上享受陽光。這幅不見車輛的情景，讓人想起了社會學家古德曼（Paul Goodman）的計畫：禁止私人汽車進入曼哈頓，把所有的道路都留給電動公車與計程車行駛。他在一九六一年的一份宣言裡寫道：「如此一來，這座城市即可像威尼斯一樣悠閒，成為一座美好的行人城市。」高架公園也不禁讓人覺得這是對汽車文化的尖銳批評：穿越標準飯店那幢現代化建築之後，高架公園上設有一排排的長凳，面對著一片玻璃牆，彷彿懸浮在第十大道上空。馬路上的情景映照在那片玻璃當中，框圍成為一幅動態藝術，只見計程車與卡車的尾燈趕著往住宅區而去，與公園中母親推著嬰兒車的人性化景象形成鮮明對比。

在高架公園總長三英里的路程中，我在半途左右看見一座機械式立體停車場，許許多多的車輛停放在五層樓高的開放鋼骨結構中，猶如層疊式雞舍裡的雞一樣。那些靜止不動的凌志與賓士車輛，輪子懸浮在空中，看起來微微帶有一種荒謬的氣息，就像是原始都市化的遺跡，展示在一座未來的博物館裡，供人欣賞已經廢棄的過往科技。

崔林是大眾運輸乘客

某天下午，我搭乘一號列車前往市中心的西村，身旁坐著幾個興高采烈的西班牙遊客，手上滿滿提著布魯明岱爾百貨公司的提袋，另外還有一個扮成蜘蛛人的街頭藝人。這時候，我回想起在我青少年時期曾覺得紐約地鐵是世界上最可怕的地方。電視上播放的無數深夜電影中，我一再看到紐約地鐵那滿是塗鴉而且犯罪猖獗的列車。你要是對《殺神輓歌》（*The Warriors*）的內容信以為真，那麼夜裡的聯合廣場站便會滿是穿著溜冰鞋橫行無忌的幫派分子；在《騎劫地下鐵》（*The Taking of Pelham One Two Three*）裡，萊辛頓大道線列車上的通勤乘客遭到戴著假鬍鬚的搶匪持槍恐嚇；根據《血染夜行車》（*The Incident*）的描繪，你要是從布魯克林搭地鐵前往時報廣場，難免會因為遇上蓄著鴨尾髮型、手持彈簧刀的瘋子而留下終生的精神創傷。

好萊塢的劇本作家（其中許多都是從紐約逃出去的）深知如何利用美國人對城市的恐懼。實際上，巡邏嚴密的地鐵一直比地面上的街道安全得多。即便在暴力犯罪現象於一九八一年達到高峰之際，發生於地鐵裡的凶殺案也只有十七起，發生在街上的則是多達一千八百三十二起；當年死於車禍的人數，也比在地鐵內喪命的人數還多。

地鐵已經變了，但紐約也是。從曼哈頓搭乘地鐵列車能抵達的地區，包括艾斯多利亞（Astoria）、可樂娜（Corona）、伯倫丘（Boerum Hill）、日落公園（Sunset Park）、卡羅爾花園（Carroll Gardens）與瑞吉伍德（Ridgewood），紛紛成了當今的格林威治村，全是適合步行的老鄰里，如今已有愈來愈多家戶住進各區。珍．雅各要是看到這些地區，想必會深表讚賞。在房地產熱潮期間興建的數以萬計公寓大樓，現在都已轉為平價出租住宅。今日的紐約相當類似一九四〇年代末期的紐約，當時城市的人口與活力都正值高峰。不同的是，當今的紐約人口有百分之四十都在國外出生，而且外來移民的湧入速度已超越了愛麗絲島（Ellis Island）。地鐵中再次混雜了各個階級、種族與年齡的人口，這種情形顯然是未來發展的良好徵兆。

自從一九六一年以來就一直住在西村的崔林（Calvin Trillin），也許可算是第一波都市先驅之一——或是都市縉紳化的推動者，端看你從什麼角度理解。這位長期為《紐約客》雜誌撰稿的作家住在一幢建一八三〇年代聯邦式風格的連棟住宅，就位於第七大道以西的一條彎曲街道上。崔林原本租住在這裡，現在他已成為屋主。（我不敢問他這棟房子多少錢，但在幾個街口外，就是珍．雅各位於哈德遜街上的樸素住宅；那棟屋子雖在五十年前被摩希斯及其黨羽宣稱為「禍害」，卻在近來以三百萬美元售出。）崔林拉下天花板上的一道折疊梯，邀我爬上他家屋頂，於是我們共坐在一株懸鈴樹下。在他的小說《泰帕不下車》（*Tepper Isn't Going Out*）裡，一名紐約客因為喜歡待在自己的雪佛蘭轎車上，而意外成為紐約市裡一個性情乖戾的性靈大師。按此看來，你也許會以為崔林是個死硬派的駕車人士。（他確實擁有一輛福斯轎車，會開這輛車到新斯科細亞省的夏日別墅度假。）不過，崔林有個祕密：他平日出門主要都是騎單車或搭地鐵。

「現在我幾乎都不搭計程車了，」崔林說：「我幾乎都搭地鐵。在我認識的人當中，也許有少數幾人因為認為地鐵是『大眾』運輸而不肯搭乘。他們基本上是高傲的勢利鬼。」崔林告訴我，一號線是他的戰馬，因為這條線上的一座車站距離他家只有兩個街口。「我昨晚得到中央車站對街去主持一場義賣。要到那裡去，除了搭地鐵以外，其他任何交通方式都是很痛苦的事情。」他穿著晚禮服搭乘地鐵。「別人都以為我是餐廳的服務生。我過世的太太不喜歡在夜間盛裝打扮搭乘地鐵。她不在乎別人把我當成餐廳服務生，她只是不想被人當成服務生的太太。」崔林說他搭乘地鐵已經將近五十年，從未曾目睹過任何重大犯罪，也沒被困在隧道過。

「當然，有時候我也覺得地鐵有些地方讓人不滿，特別是那些塗鴉。而且，他們也一直到近幾年來才開始在列車外設置路線圖。以前你都得在上車之後才找得到路線圖，而且那些圖大概只有修過製圖學的人才看得懂。等到你發現自己坐錯車，下一站都已經是皇后廣場了。不曉得為什麼，每次坐錯車都一定會坐到皇后廣場站。」不過，整體來說，現在地鐵的服務已比以前要好得多了。「說真的，在紐約不搭地鐵未免太笨了。」

要是我住在紐約，一定也會是個「全職」大眾運輸乘客。我在三十幾歲時曾經考慮過搬到紐約，艾琳和我至今也還是會談到是否該到曼哈頓住個一兩年——隨著愈來愈多的街道朝向行人化發展、單車道的路網逐漸成長，以及像高架公園這樣的地方出現，我們心中的這個構想也益發誘人。實際上，我們要是真的搬到這裡，大概會住在房價較低的布魯克林區，我們有些朋友現在就住在那裡。不過，在這個構想實現之前，我們還是可以不時造訪紐約，而我們來到此地的第一件事，幾乎都是先鑽進一座地鐵站，為我們的地鐵票儲值。

經過多次造訪之後，紐約地鐵至今仍然不斷對我揭露它自己的祕密。這一次，我踏上一場近乎田園般的旅程，前往法洛克衛（Far Rockaway）。我搭車沿著堤道前進，經過一棟棟木構船屋，看著蒼鷺在岩岸上涉水捕食青蛙。在第三十四街—先鋒廣場站（34th Street-Herald Square），我看到一座虛擬木琴，行人只要在光電開關前揮揮手，木琴就會亮起來，並且發出馬林巴琴、長笛與鳥鳴的電子聲響。我從布魯克林搭上D線列車，抬頭看見隧道裡出現一具卡通火箭發射起飛的發光影像：這是所謂的「大眾捷運畫」，藝術家布蘭德（Bill Brand）在一座廢棄地鐵月台上架設了長達三百英尺的畫板，上面有著一幅幅的手繪圖畫。地鐵列車一開動，畫面中的圖樣就會形成像幻影箱那樣的動畫。

儘管有些擾人的現象仍然存在——例如乞丐訴說自己有多麼不幸、流動小販強力推銷電池和巧克力棒——但和各種小小的樂趣相比，這些不過是瑕不掩瑜。我最喜歡的一項樂趣是搭乘開往住宅區的區間列車，望向窗外，看著另一條平行軌道上的快車搖搖晃晃地鑽進紐約市的地底深處，整幅情景虛幻迷濛，讓人覺得彷如置身夢中。

1 譯注：約翰・亨利（John Henry）是美國民俗英雄。據傳他是個孔武有力的碎石工人，為了保住自己及其他工人弟兄的飯碗，而與公司新引進的氣錘機比賽碎石。後來他雖贏得勝利，卻也不堪疲累倒地而亡。

2 編注：地獄廚房（Hell's Kitchen），是紐約市曼哈頓島西岸的一個區域，早年是主要為愛爾蘭裔移民勞工的聚居處。

3 譯注：戈茨（Bernhard Goetz）是一名紐約居民，在一九八四年一天下午搭乘地鐵時遭到四名惡少索討錢財，而開槍擊傷了那四個歹徒。

4 《紐約時報》記者在二〇〇七年間花了六星期，暗中跟蹤彭博，結果發現這位「搭乘大眾運輸的市長」，其實是由兩輛雪佛蘭休旅車將他從他位於上東區的住宅接送到二十二個街區外的布魯明岱爾百貨公司外的車站搭車，所以他通勤的路途至少有四分之一是搭乘由司機駕駛的休旅車。

5 編注：馬克斯兄弟（Marx Brothers）是一組五人皆為德裔親兄弟的美國喜劇演員組合，在二十世紀初活躍於歌舞雜耍、舞台劇、電視、電影演出。

6 譯注：「新法」係指一九〇一年實施的《紐約州經濟住宅法》，其中對於公寓住宅的安全、衛生與通風設施有較為完善的規定。

7 依賴汽車的美國家戶現今在交通上的花費佔所得的百分之二十五。

8 編注：奧斯曼男爵（Baron Haussmann）即是於一八五二年至一八七〇年間受拿破崙三世

重用，負責重新改造巴黎者，奧斯曼的都市規劃造就了目前的巴黎樣貌。

9 譯注：鄰避主義係「NIMBYism」的音譯，意為「別在我家後院」（not-in-my-backyard）；香蕉主義則是指「BANANAism」，亦即「抗拒一切建設」（build-absolutely-nothing-anywhere-near-anything）的簡寫。